Die *lustige* Diogenes Schulfibel

für Kinder im ersten Lesealter
Zusammengestellt von
Anne Schmucke

Umschlagzeichnung und Frontispiz von Tomi Ungerer.
Frontispiz aus »Vieles gibt's, das jederzeit vier Jahre alte Kinder freut!«
Nachweis der Bilder und Texte am Schluß des Bandes

Liebe Kinder,

bevor Ihr selber anfangt zu lesen, gebt diese drei Sprüche Euren Eltern und Lehrern zu lesen!

Es geht bei uns alles dahin, die liebe Jugend frühzeitig zahm zu machen und alle Natur, alle Originalität und alle Wildheit auszutreiben, so daß am Ende nichts übrig bleibt als der Philister.

Goethe

Der Mensch ist nur dann ganz Mensch, wenn er spielt.

Schiller

Mit einer Kindheit voll Liebe kann man ein halbes Leben hindurch für die kalte Welt haushalten.

Jean Paul

Was in der
lustigen Diogenes Schulfibel
alles drinsteckt

ABC und 1 × 1

Verse, Sprichwörter und Rätsel

Geschichten

Jahreszeiten und Wochentage

Die vier Elemente und die Farben

Wilde Kerle wollen lachen, krachen,

Zeichnung von Maurice Sendak

tausend tolle Sachen machen.

Vieles gibt's, das jederzeit
alle Kinder richtig freut

Fritz sagt: Ich weiß, was jederzeit
Alle Kinder richtig freut:
Streiche spielen, schrecklich schielen,
Rennen laufen, Sirup kaufen,
Ihn mit Hälmchen schlürfen dürfen.

Auch Kathrin weiß, was jederzeit
Alle Kinder richtig freut:

Zu Geburtstagseinladungen
Viele Mädchen, viele Jungen,
Viele Spiele und dabei
Viel Gepolter und Geschrei,
Viele umgeworfne Bänke
Und ein großer Berg Geschenke.

Und nun sagt Max, was jederzeit
Alle Kinder richtig freut:

Wie hübsch wär' doch zur Abwechslung
Eine Bilderausstellung,
Mit bunten Bildern, nur von mir,
Ein Telephongespräch mit Dir,
Autos, Bahnen, ja, und dann
Ein Fahrrad, das nicht kippen kann!

Auch Anna sagt, was jederzeit
Alle Kinder richtig freut:

Späße lesen, selber spaßen,
Osterhasen laufen lassen,

Freunde, die uns kitzeln wollen,
Bis wir uns am Boden rollen,
Die so gute Witze wissen,
Daß wir lange lachen müssen,
Ein Puppenkind, das nicht zerbricht,
Alleine geht und *richtig* spricht.

Max sagt: Ich liebe *noch* etwas:
Ein Ponyritt macht immer Spaß,
Und auch Ballone und der Zoo,
Und Pfeile? Geht's Dir nicht auch so?

Auf die hohen Bäume steigen,
Unsre Kletterkünste zeigen,
Eine Schlittenfahrt im Schnee,
Wenn's Sommer ist, ein Bad im See.

Serafin sagt, was jederzeit
Kinder wohl am meisten freut:

Radios und Blechcinellen,
Plattenspieler, Hundebellen,
Große Orgeln, großen Lärm,
Sowas haben Kinder gern.

Fingerpfiffe, Glockentöne,
Und noch tausend andre schöne,
Wundervolle laute Sachen,
Mit denen wir Spektakel machen.

Vieles gibt's, das jederzeit
Alle Kinder richtig freut.

Verse von Hans Manz (nach William Cole)
Zeichnungen von Tomi Ungerer

Zeichnung von Philippe Fix
Serafin und seine Musikmaschine

19

Crictor, die gute Schlange

Geschrieben und gezeichnet
von Tomi Ungerer

In einer kleinen Stadt in Frankreich lebte einmal eine alte Dame, die Madame Luise Bodot hieß.

Sie hatte einen Sohn, der war Reptilienforscher in Brasilien.

Eines Morgens brachte ihr der Postbote ein merkwürdiges Paket.

Madame Bodot kreischte, als sie es öffnete. Es war eine Schlange drin. Ihr Sohn hatte sie ihr zum Geburtstag geschickt.

Um ganz sicher zu sein, daß die Schlange nicht giftig sei, ging sie in den Zoo. Dort stellte sie fest, daß es eine Boa Constrictor war. Und so nannte sie das Tier Crictor.

Madame Bodot bemutterte ihren neuen Liebling und gab ihm die Milchflasche.

Sie kaufte richtige Palmen, damit Crictor sich zu Hause fühlen konnte. Da wedelte er mit dem Schwanz, genau wie die Hunde es machen, wenn sie sich freuen.

Wohlgenährt und wohlversorgt, wurde Crictor länger und länger, stärker und stärker.

Crictor folgte seiner Herrin, wenn sie einkaufen ging. Alle Leute staunten.

Madame Bodot strickte Crictor einen langen wollenen Pullover, den er an kalten Tagen tragen sollte.

Crictor hatte auch ein warmes bequemes Bett. Dort träumte er friedlich unter seinen Palmen.

Im Winter machte es Crictor Spaß, sich durch den Schnee zu schlängeln.

Madame Bodot war Lehrerin an der Volks-
schule. Eines Tages beschloß sie, Crictor mit in
die Schule zu nehmen.

Bald hatte Crictor gelernt,
mit sich selbst Buchstaben zu machen:

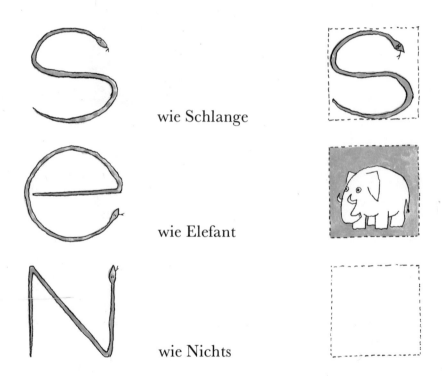

wie Schlange

wie Elefant

wie Nichts

wie Löwe

wie Mann

wie Glas

wie Walfisch

Er konnte auch rechnen und Zahlen machen:

für deine beiden
Hände

für die drei
kleinen Schweine

für die vier
Hundebeine

für deine fünf
Finger

für die sechs
Käferbeine

für die sieben
Zwerge

für die acht
Arme des Polypen
(aber jemand hat sich
hier verrechnet)

Crictor spielte gern mit den kleinen Jungen und mit den kleinen Mädchen.

Er zeigte den Pfadfindern, wie man einen Knoten macht.

Crictor half überhaupt gerne.

Eines Tages, als Crictor und Madame Bodot im Kaffee saßen, erzählte ihnen ein Bekannter, daß es in der Stadt einen Einbrecher gebe.

In derselben Nacht stieg der Einbrecher in ihre Wohnung ein.

Madame Bodot war bereits geknebelt und an einen Stuhl gefesselt, als die treue Schlange aufwachte und den Einbrecher wütend angriff. Die erschreckten Schreie des Bösewichts weckten die Nachbarn.

Crictor hielt ihn umwickelt, bis die Polizei kam.

Für diese mutige Tat wurde Crictor die Tapferkeitsmedaille verliehen.

Ja, Crictor regte sogar den Bildhauer zu einem Denkmal an.

Ein ganzer Park wurde nach ihm benannt. Geliebt und geach-
tet von der ganzen Stadt, lebte Crictor lange und glücklich bis an
sein Lebensende.

Deutsch von Hans Ulrik

Maler Frühling

Der Frühling ist ein Maler,
er malte alles an,
die Berge mit den Wäldern,
die Täler mit den Feldern:
Was der doch malen kann!

Auch meine Blumen
schmückt er mit Farbenpracht:
Wie sie so herrlich strahlen!
So schön kann keiner malen,
so schön, wie er es macht.

O könnt ich doch so malen,
ich malt ihm einen Strauß
und spräch in frohem Mute
für alles Lieb und Gute
so meinen Dank ihm aus!

Hoffmann von Fallersleben

*Der Maulwurf Grabowski
gezeichnet von Luis Murschetz*

Die vier Jahreszeiten

Der Frühling bringt Blumen.
Der Sommer bringt Klee.
Der Herbst, der bringt Trauben.
Der Winter bringt Schnee.

Das Samenkorn

Ein Samenkorn lag auf dem Rücken,
die Amsel wollte es zerpicken.

Aus Mitleid hat sie es verschont
und wurde dafür reich belohnt.

Das Korn, das auf der Erde lag,
das wuchs und wuchs von Tag zu Tag.

Jetzt ist es schon ein hoher Baum
und trägt ein Nest aus weichem Flaum.

Die Amsel hat das Nest erbaut;
dort sitzt sie nun und zwitschert laut.

Joachim Ringelnatz

April! April!
Der weiß nicht, was er will!
Bald lacht der Himmel blau und rein,
bald schaun die Wolken düster drein,
bald Regen und bald Sonnenschein!
Was sind mir das für Sachen,
mit Weinen und mit Lachen
ein solch Gesaus' zu machen!
April! April!
Der weiß nicht, was er will!

Heinrich Seidel

Was ich dir erzähle, ist wirklich geschehen:
Ich sah eine Kuh in der Straßenbahn stehen!
Die Leute, die schimpften und schrien so sehr,
man hörte von weitem nichts anderes mehr!
Der Schaffner war wütend und drängte sich vor,
da schlug ihm die Kuh ihren Schwanz um das Ohr!
Sie fraß einer Frau aus dem Korb den Spinat,
auch Möhren und Kohl und drei Köpfe Salat,
und mir trat sie fast mit dem Huf auf den Zeh!
Doch sonst war sie brav und tat niemandem weh.
Was hast du denn da an der Nase? Halt still,
ich wische es weg! – April! April!

Ursula Wölfel
Zeichnungen von Tomi Ungerer

Frohe Ostern!

Siehst du, Ostereierschalen
Kann man so und so bemalen.
Innen sind die Eier gleich,
Immer gelb und weiß und weich.

Ich habe ein Zweirad.
Ich habe ein Dreirad.
Ich habe ein Bruchrad.
Mein Bruchrad ist feiner,
Es beneidet mich keiner.

Warum wir Hochzeitslieder üben?
Weil wir uns entsetzlich lieben!

Ein großer Bruder ist kein ungetrübtes Glück:
Haust du ihm eine, haut er gleich zurück.

Verse von Hans Manz und Werner Mintosch (nach Ruth Krauss)
Zeichnungen von Maurice Sendak

Familie Babar
und die vier Elemente

Gezeichnet und beschrieben
von Laurent de Brunhoff

Das Wasser

Ein Wassertropfen
und noch ein Wassertropfen . . .
wieviel Wassertropfen
machen ein Glas Wasser voll?

Hast Du Durst?

Ich auch.

Es gibt eben
nichts Besseres
als frisches Wasser . . .

Jeden Morgen
nimmt Babar seine Dusche;
duscht heiß, duscht kalt,
um wachzuwerden.

Aber zum Planschen
geht man besser
in die Badewanne.

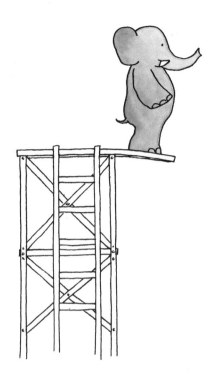

Ich bin ganz hinauf
gestiegen
auf den Sprungturm:
Jetzt muß ich springen! . . .
Jetzt muß ich springen!!!

Hopp!

!!!. . .

Der Fischer auf dem Wasser,
die Fische im Wasser,
der eine will die andern
gerne fangen.

Das stille Wasser
ist wie ein Spiegel,
beug Dich nicht zu weit vor,
wenn Du Dich sehen willst.

Die Erde

Im Acker
zieht der Traktor
schnurgerade Furchen.

Mit meiner Schaufel
grab ich ein Loch,
das ist genauso groß wie ich.

Schwer
ist die Erde
in der Schubkarre.

Ein Klumpen Lehm –
ich kratze ihn,
ich knete ihn,
ich forme ihn
und mache eine
Figur daraus.

Dreh, Töpfer, dreh,
hier gibt's Vasen,
Krüge und Schalen.

In einen Blumentopf
setzt Celeste
ein Samenkorn.

Ein kleiner
grüner Schößling
sprießt aus der Erde.

Ein guter Gärtner
braucht viel Geduld.

Seht nur . . .
alles wächst und gedeiht
überall auf der Erde.

Das Feuer

Ein Zündholz,
ich reib es
an der Schachtel,
da gibt es eine Flamme.

Das Licht
der Kerzen
tanzt an den Wänden.

Am Kamin
sitzt Mama,
sitzt Papa,
stehe ich!

Feuer! Feuer!
Das Haus steht in Flammen!
Rette sich wer kann!

Rotes
Feuerwehrauto,
schwarze
Feuerwehrleute,
Tatütata!
Die Feuerwehr
ist da.

Ein großer Berg,
der Steine spuckt,
Asche spuckt,
Feuer spuckt:
ein Vulkan.

Die Luft

Wenn ich auf dem Rücken liege,
seh ich ein Stück blauen Himmel
und die Wolken.

Was fliegt am Himmel?
Gewiß kein Elefant,
nur Vögel fliegen am Himmel.

Die Schmetterlinge fliegen auch.

Papierdrachen
steigt und steigt,
hoch dort oben
ist er kaum größer
als eine Fliege.

Ein Elefant, der braucht – wie gut! –
nie eine Fahrradpumpe.

Popp!
Die zerbrechlichen
Seifenblasen.

Alles Gute zum Geburtstag!
Ich puste . . .

Pffft . . .!
alle Kerzen aus

Babar und Arthur
haben sich Flügel gemacht,
als Elefantenvögel
schwingen sie sich
in die Luft.

Die Sonne brennt, Arthur,
flieg nicht so hoch hinauf . . .
Schon ist's passiert,
die Federn lösen sich,
und Arthur fällt.

Zum Glück fliegt gerade
ein Flugzeug vorbei!

Herr Hase und das schöne Geschenk

Eine Geschichte von Charlotte Zolotow
mit Bildern von Maurice Sendak

»Herr Hase«, sagte das kleine Mädchen, »ich brauche Hilfe.«

»Hilfe, kleines Mädchen? Ich will dir gern helfen, wenn ich kann«, sagte Herr Hase.

»Herr Hase«, sagte das kleine Mädchen, »es ist wegen meiner Mutter.«

»Deiner Mutter?« sagte Herr Hase.

»Sie hat Geburtstag«, sagte das kleine Mädchen.

»Herzliche Glückwünsche«, sagte Herr Hase. »Was schenkst du ihr denn?«

»Das ist es ja gerade«, sagte das kleine Mädchen, »deshalb brauche ich Hilfe. Ich habe gar kein Geschenk für sie.«

»Kein Geschenk für deine Mutter an ihrem Geburtstag?« sagte Herr Hase. »Kleines Mädchen, du brauchst wirklich dringend Hilfe!«

»Ich möchte ihr etwas geben, das sie gern hat«, sagte das kleine Mädchen.

»Etwas, das sie gern hat, ist ein gutes Geschenk«, sagte Herr Hase.

»Aber was?« sagte das kleine Mädchen.

»Ja, was?« sagte Herr Hase.

»Sie hat gern Rot«, sagte das kleine Mädchen.

»Rot«, sagte Herr Hase. »Rot kannst du ihr doch nicht schenken.«

»Vielleicht etwas Rotes«, sagte das kleine Mädchen.

»Aha, etwas Rotes«, sagte Herr Hase.

»Was gibt es denn Rotes?« sagte das kleine Mädchen.

»Also«, sagte Herr Hase, »da gibt es rote Strümpfe.«

»Nein«, sagte das kleine Mädchen. »Das kann ich ihr doch nicht schenken.«

»Es gibt auch rote Dächer«, sagte Herr Hase.

»Nein, ein Dach haben wir schon«, sagte das kleine Mädchen, »das mag ich ihr nicht schenken.«

»Wie wäre es mit roten Vögeln«, sagte Herr Hase, »Rotkehlchen?«

»Nein«, sagte das kleine Mädchen, »Vögel mag sie nur auf den Bäumen.«

»Vielleicht freut sie sich über einen roten Feuerwehrwagen«, sagte Herr Hase.

»Nein«, sagte das kleine Mädchen, »Feuerwehrwagen mag sie nicht.«

»Nun«, sagte Herr Hase, »wie wär's mit roten Äpfeln?«

»Gut«, sagte das kleine Mädchen. »Das ist eine gute Idee! Äpfel hat sie gern. Aber ich brauche noch etwas anderes.«

»Was hat sie denn sonst noch gern?« sagte Herr Hase.

»Gelb hat sie gern«, sagte das kleine Mädchen.

»Gelb«, sagte Herr Hase. »Gelb kannst du ihr doch nicht schenken.«

»Vielleicht etwas Gelbes«, sagte das kleine Mädchen.

»Aha, etwas Gelbes«, sagte Herr Hase.

»Was gibt es denn Gelbes?« sagte das kleine Mädchen.

»Warte mal«, sagte Herr Hase, »es gibt gelbe Taxi.«

»Ich bin aber sicher, daß sie kein Taxi will«, sagte das kleine Mädchen.

»Die Sonne ist gelb«, sagte Herr Hase.

»Aber ich kann ihr doch die Sonne nicht schenken«, sagte das kleine Mädchen.

»Ein Kanarienvogel ist gelb«, sagte Herr Hase.

»Vögel mag sie nur auf den Bäumen«, sagte das kleine Mädchen.

»Richtig, das hast du mir schon gesagt. Butter ist auch gelb. Hat sie Butter gern?«

»Butter haben wir schon«, sagte das kleine Mädchen.

»Bananen sind gelb«, sagte Herr Hase.

»Fein«, sagte das kleine Mädchen, »das ist ganz fein. Bananen hat sie gern. Doch ich brauche noch etwas anderes.«

»Was hat sie denn sonst noch gern?« sagte Herr Hase.

»Sie hat gern Grün«, sagte das kleine Mädchen.

»Grün«, sagte Herr Hase. »Grün kannst du ihr doch nicht schenken.«

»Vielleicht etwas Grünes«, sagte das kleine Mädchen.

»Wie wär's denn mit Smaragden?« sagte Herr Hase, »Smaragde sind wirklich ein schönes Geschenk.«

»Smaragde sind schrecklich teuer«, sagte das kleine Mädchen.

»Papageien sind grün«, sagte Herr Hase, »aber Vögel mag sie nur auf den Bäumen.«

»Nein«, sagte das kleine Mädchen, »Papageien sind nicht das Richtige.«

»Erbsen und Spinat«, sagte Herr Hase, »Erbsen sind grün. Spinat ist grün.«

»Nur das nicht«, sagte das kleine Mädchen. »Das bekommen wir zu jedem Essen.«

»Raupen«, sagte Herr Hase. »Manche sind sehr grün.«

»Sie macht sich nichts aus Raupen«, sagte das kleine Mädchen.

»Was hältst du von Birnen?« sagte Herr Hase, »schöne grüne Pastorenbirnen?«

»Genau das Richtige«, sagte das kleine Mädchen. »Das ist genau das Richtige. Jetzt habe ich Äpfel und Bananen und Birnen, aber ich brauche noch etwas dazu.«

»Was hat sie denn sonst noch gern?« sagte Herr Hase.

»Sie hat gern Blau«, sagte das kleine Mädchen.

»Blau? Blau kannst du ihr doch nicht schenken«, sagte Herr Hase.

»Vielleicht etwas Blaues«, sagte das kleine Mädchen.

»Seen sind blau«, sagte Herr Hase.

»Was denkst du, ich kann ihr doch keinen See schenken«, sagte das kleine Mädchen.

»Der Himmel ist blau.«

»Den Himmel kann man nicht verschenken«, sagte das kleine Mädchen, »aber ich würde es tun, wenn man es könnte.«

»Saphire sind ein schönes Geschenk«, sagte Herr Hase.

»Saphire sind auch zu teuer«, sagte das kleine Mädchen.

»Blaukehlchen sind blau«, sagte Herr Hase, »aber Vögel mag sie nur auf den Bäumen.«

»Richtig«, sagte das kleine Mädchen.

»Wie wäre es mit blauen Trauben?« sagte Herr Hase.

»Ja«, sagte das kleine Mädchen, »das ist gut. Das ist sehr gut. Sie hat gern Trauben. Nun habe ich Äpfel und Birnen und Bananen und Trauben.«

»Das ist ein schönes Geschenk«, sagte Herr Hase. »Jetzt brauchst du nur noch einen Korb.«

»Einen Korb habe ich«, sagte das kleine Mädchen.

Sie nahm ihren Korb und füllte ihn mit den grünen Birnen und den gelben Bananen und den roten Äpfeln und den blauen Trauben. Es war wirklich ein schönes Geschenk!

»Ich danke dir für deine Hilfe, lieber Herr Hase«, sagte das kleine Mädchen.

»Nicht der Rede wert«, sagte Herr Hase. »Ich habe dir gern geholfen.«

»Dann auf Wiedersehen«, sagte das kleine Mädchen.

»Auf Wiedersehen«, sagte Herr Hase, »einen schönen Geburtstag wünsch ich deiner Mutter.«

Deutsch von Eva Matta

Die Schaukel

Wie schön sich zu wiegen,
Die Luft zu durchfliegen
Am blühenden Baum!
Bald vorwärts vorüber,
Bald rückwärts hinüber, –
Es ist wie ein Traum!

Die Ohren, sie brausen,
Die Haare, sie sausen
Und wehen hintan!
Ich schwebe und steige
Bis hoch in die Zweige
Des Baumes hinan.

Wie Vögel sich wiegen,
Sich schwingen und fliegen
Im luftigen Hauch:
Bald hin und bald wider
Hinauf und hernieder,
So fliege ich auch!

Heinrich Seidel

Die Vogelhochzeit

Ein Vogel wollte Hochzeit machen
in dem grünen Walde.
Fidirallala, fidirallala,
fidiralla lala la.

Die Drossel war der Bräutigam,
die Amsel war die Braute.

Der Finke, der Finke,
der bringt der Braut die Schminke.

Der Kakadu, der Kakadu,
der bringt der Braut die neuen Schuh.

Der grüne Specht, der grüne Specht,
der macht der Braut das Haar zurecht.

Der Kuckuck schreit, der Kuckuck schreit,
er bringt der Braut das Hochzeitskleid.

Der Sperling, der Sperling,
der bringt der Braut den Trauring.

Die Taube, die Taube,
die bringt der Braut die Haube.

Der Geier, der Geier,
der bringt der Braut den Schleier.

Die fette Gans, die fette Gans,
die bringt der Braut den Hochzeitskranz.

Die Lerche, die Lerche,
die bringt die Braut zur Kerche.

Der Auerhahn, der Auerhahn,
der ist der Küster und Kaplan.

Der Stiegelitz, der Stiegelitz,
der bringt die Braut zum Kirchensitz.

Brautmutter war die Eule,
nahm Abschied mit Geheule.

Die Schnepfe, die Schnepfe,
setzt auf den Tisch die Näpfe.

Der Papagei mit krummem Schnabel,
der bringt den Gästen Messer und Gabel.

Der schwarze Rab, der war der Koch,
man sieht's an seinen Federn noch.

Die Meise, die Meise,
die trägt herein die Speise.

Die Nachtigall, die Nachtigall,
die führt die Braut in den Tanzsaal.

Der Wiedehopf, der Wiedehopf,
der schenkt der Braut 'nen Blumentopf.

Die Anten, die Anten,
das sind die Musikanten.

Der Pfau mit seinem langen Schwanz
macht mit der Braut den ersten Tanz.

Der Uhu, der Uhu,
der macht die Fensterläden zu.

Sieh mich, sieh mich, sieh mich an,
jetzt sind wir schon Frau und Mann.

Nun ist die Vogelhochzeit aus,
und alle Vögel fliegen nach Haus.
Fidirallala, fidirallala,
fidiralla lala la.

Zeichnungen von Hans P. Schaad

Alpenleben

Wo Berge sich erheben am hohen Himmelszelt,
da ist ein freies Leben, da ist die Alpenwelt.
Es grauet da kein Morgen, es dämmert keine Nacht;
dem Auge unverborgen das Licht des Himmels lacht.

O freies Alpenleben, o schöne Gotteswelt,
ein Aar in Lüften schwebend, so nah dem Sternenzelt!
Dem Älpler nehmt die Berge, wohin mag er noch ziehn?
Paläste sind ihm Särge, drin muß er fern verblühn.

Leonhard Widmer

Heidi und Peter
Zeichnung von Tomi Ungerer

Hans und Heinz

Eine Geschichte von Janice May Udry
Bilder von Maurice Sendak

Früher einmal war Hans mein Freund . . .
. . . aber seit heute ist er mein Feind.

Immer und ewig sitzt *er* auf dem Wagen,
ich darf niemals die Fahne tragen,
er befiehlt, *ich* hab nichts zu sagen.

Alles reißt er mir aus der Hand
und bewirft mich auch noch mit Sand.
Jetzt ist er mein Feind
und nie mehr mein Freund.

Zu meinem Geburtstagsfest, ja, da kam er!
Und meine Ballone und Mützen, die nahm er!
Was ich hatte, das teilte ich,
weil er mein Freund war, brüderlich.

Ich zeigte ihm, wo die Frösche schwammen,
wir hatten sogar die Masern zusammen.
Jetzt ist er mein Feind
und nie mehr mein Freund.

Ich trete ihn mit der Stiefelspitze.
Ich stoße ihn in die schmutzigste Pfütze.

Nein, ich lasse mir nichts mehr gefallen,
ich gehe jetzt gleich und sage allen:

»Laßt ihn nicht in die Schule hinein,
er meint, sie gehöre ihm ganz allein.«

Halt, ich glaube, ich laufe jetzt lieber
gerade zu ihm persönlich hinüber
und sage ihm, daß er von heute an
nie und nimmer mein Freund sein kann.
»Hallo, Hans, komm rasch aus dem Haus.«
»Warte, Heinz, ich springe hinaus.«
»Daß du's weißt: du bist nicht mehr mein Freund.«
»Je nun, dann bin ich jetzt halt dein Feind.«

»Wir spielen nie mehr zusammen wie einst.«
»Gut, einverstanden, ganz wie du meinst.«

»Leb wohl, wir sehen uns niemals mehr!«
»Auf Nimmerwiedersehen, bitte sehr!«

»Du, Hans, hör mir zu!«
»Ja, Heinz, was willst du?«
»Fährst du ein bißchen Rollschuh mit mir?«
»Gut, Heinz, ich teile die Brezel mit dir.«
»Hans, mein Freund, ich danke dafür.«

Deutsche Verse von Hans Manz

Die Wochentage

Am Montag fängt die Woche an,
am Dienstag, da wird nix getan,
am Mittwoch bin ich müd, ihr Leut,
am Donnerstag hab ich kei' Freud,
am Freitag arbeit' ich nicht gern,
am Samstag wird bald Sonntag wer'n.

Der faule Wum
Zeichnung von Loriot

Ich bin mit Papa einkaufen gegangen

Eine Geschichte von Goscinny
mit Zeichnungen von Sempé

Nach dem Essen hat Papa mit Mama die Monatsausgaben besprochen.

»Ich frage mich wirklich, wo das Geld bleibt, das ich dir gebe«, hat Papa gesagt.

»Aha, so was hör ich gerne«, hat Mama gesagt, aber sie hat nicht so ausgesehen, als wenn sie es besonders gern hört. Und dann hat sie Papa erklärt, er macht sich ja keine Vorstellungen, was die Lebensmittel kosten, heutzutage, und wenn er mal einkaufen ginge, dann würde er das schon einsehen, und außerdem soll man solche Dinge nicht vor dem Kleinen diskutieren.

Papa hat gesagt, das ist doch alles Unsinn, und wenn er sich damit befaßt, einzukaufen, dann würde erstens mehr gespart und zweitens besser gegessen, und der Kleine kann ja ins Bett gehen.

»Na gut, wenn es so ist, dann übernimmst du eben das Einkaufen, du bist ja so weise«, hat Mama gesagt.

»Sehr gut!« hat Papa geantwortet. »Morgen ist Samstag, da geh ich zum Markt. Du wirst es erleben – ich lasse mich nicht hinters Licht führen!«

»Klasse«, hab ich gesagt, »kann ich auch mitgehen?« Und da haben sie mich ins Bett geschickt.

Am nächsten Morgen habe ich Papa gefragt, ob ich mitkommen kann, und Papa hat gesagt, ja, heute gehen die Männer mal einkaufen. Ich hab mich unheimlich gefreut, denn ich gehe gern mit Papa spazieren, und auf dem Markt ist es prima. Es sind 'ne Menge Leute da, und überall rufen sie und schreien wie in der Schule in der großen Pause, und es riecht so gut.

Papa hat mir gesagt, ich soll das Einkaufsnetz nehmen, und Mama hat gesagt, auf Wiedersehen, und sie hat sich ein bißchen über uns lustig gemacht.

»Lach du nur«, hat Papa gesagt. »Du wirst aufhören zu lachen, wenn wir wieder da sind und haben gut eingekauft – für Minimalpreise! Wir Männer, wir lassen uns nicht übers Ohr hauen, was Nick?«

»Nee!« habe ich gesagt.

Mama hat immer noch gelacht, und sie hat gesagt, sie macht schon mal das Wasser heiß für den Hummer, den wir mitbringen, und wir sind zur Garage gegangen, das Auto holen. Im Auto hab ich Papa gefragt, ob das wahr ist, daß wir einen Hummer kaufen.

»Warum nicht?« hat Papa gesagt.

Aber wo wir Pech gehabt haben – das war die Sache mit dem Parkplatz. Da waren 'ne Menge Leute, die alle einkaufen wollten. Zum Glück hat Papa nachher doch noch einen Parkplatz gefunden – der hat ein gutes Auge für so was, mein Papa. Und wir haben geparkt.

»So«, hat Papa gesagt. »Und jetzt werden wir deiner Mutter mal beweisen, wie einfach das ist, vernünftig einzukaufen, und wir werden ihr zeigen, wie sparsam man dabei vorgehen kann – was, mein Junge?«

Papa ist zu einer Marktfrau gegangen, die hatte jede Menge Gemüse zu verkaufen. Er hat sich alles angesehen, und er hat gesagt, die Tomaten, die sind gar nicht teuer.

»Geben Sie mir ein Kilo Tomaten«, hat Papa gesagt.

Die Marktfrau hat fünf Tomaten in unser Einkaufsnetz getan, und sie hat gesagt:

»Und was darf ich Ihnen sonst noch geben?«

Papa, der hat ins Netz geschaut, und er hat gesagt:

»Wie – nur fünf Tomaten auf ein Kilo?«

»Haben Sie vielleicht geglaubt«, hat die Gemüsefrau gesagt, »Sie kriegen für den Preis 'ne ganze Tomatenplantage? Wenn die Männer schon einkaufen gehen – das ist doch immer dasselbe!«

»Wir Männer, wir lassen uns wenigstens nicht so übers Ohr hauen wie unsere Frauen«, hat Papa gesagt.

»Sagen Sie das noch mal, wenn Sie 'n Kerl sind!« hat die Gemüsefrau gerufen. Sie hat ausgesehen wie Herr Pankraz, unser Metzger.

Papa hat gesagt: »Na ja, schon gut, schon gut!« Er hat mich das Netz tragen lassen, und wir sind weitergegangen. Die Gemüsefrau, die hat immer noch mit den anderen Marktfrauen geredet, über Papa.

Und da hab ich einen Verkäufer gesehen, der hatte den ganzen Tisch voller Fische und ganz, ganz große Hummer.

»Da – Papa! Da sind die Hummer!« hab ich gerufen.

»Sehr schön«, hat Papa gesagt. »Sehen wir uns das mal an.«

Papa ist zu dem Fischhändler hingegangen, und er hat gefragt, ob der Hummer auch frisch ist. Der Händler hat ihm erklärt, die Hummer sind Spitzenklasse. Und ob sie frisch sind, hat er gesagt,

er meint, schon, weil sie nämlich noch lebendig sind, und er hat gelacht.

»Ja, so«, hat Papa gesagt. »Und wie teuer ist der dicke da, der die Beine bewegt?«

Der Händler hat den Preis gesagt, und Papa hat große Augen gemacht.

»Und der andere, der kleine da?« hat Papa gefragt.

Der Verkäufer hat den Preis gesagt, und Papa hat gesagt, das ist ja unglaublich, und es ist eine Schande.

»Hören Sie mal«, hat der Fischhändler gesagt. »Wollen Sie Krebse kaufen, oder wollen Sie Hummer kaufen – das ist nämlich ein Unterschied, auch im Preis. Das hätte Ihre Frau Ihnen aber erklären sollen!«

»Komm, Nick«, hat Papa gesagt. »Wir suchen was anderes.« Aber ich habe zu Papa gesagt, wir brauchen doch gar nicht anderswo zu suchen, nämlich, die Hummer waren astrein, wirklich, die haben richtig die Beine bewegt, und ich habe gesagt, Mensch, ein Hummer, das ist doch Klasse!

»Hör auf damit und komm, Nick!« hat Papa zu mir gesagt.

»Wir kaufen keinen Hummer – und fertig.«

»Aber, Papa, Mama macht doch schon das Wasser heiß für den Hummer, da müssen wir auch einen kaufen!«

»Nick«, hat Papa gesagt, »wenn du nicht aufhörst damit, dann kannst du im Wagen auf mich warten!«

Da habe ich natürlich angefangen zu weinen, na klar, verflixt noch mal, ist doch auch wahr, das ist richtig ungerecht!

»Bravo!« hat der Fischhändler gesagt. »Sie sind also nicht nur ein Geizhals – Sie halten auch Ihre Familie so kurz wie möglich. Und dann quälen Sie den armen Jungen noch.«

»Kümmern Sie sich gefälligst um Ihre eigenen Angelegenheiten!« hat Papa geschrien. »Und außerdem: Man nennt andere Leute nicht Geizhälse, wenn man selber ein Dieb ist!«

»Ein Dieb – ich?« hat der Fischhändler gerufen. »Soll ich Ihnen eine reinhauen?«

Und er hat eine Scholle in die Hand genommen.

»Das ist schon wahr«, hat eine Dame gesagt. »Der Kabeljau, den Sie mir vorgestern verkauft haben, der war auch nicht ganz frisch. Nicht einmal meine Katze hat ihn gefressen.«

»Nicht frisch – mein Kabeljau?« hat der Fischhändler geschrien.

Also – da waren gleich 'ne Menge Leute da und haben sich gestritten, und der Fischhändler hat mit der Scholle rumgefuchtelt, aber wir sind weggegangen.

»Wir müssen nach Hause«, hat Papa gesagt. »Es ist schon sehr spät.« Und er hat ziemlich nervös und müde ausgesehen.

»Aber Papa«, habe ich gesagt, »wir haben doch erst fünf Tomaten. Ich glaube, wenn wir einen Hummer . . .«

Aber Papa hat mich nicht ausreden lassen, er hat mich an der Hand weitergezogen, und ich hatte doch nicht damit gerechnet, und da ist mir das Einkaufsnetz hingefallen – so 'n Pech! Natürlich ist die dicke Dame hinter uns voll auf die Tomaten getreten, und das hat ›Quietsch!‹ gemacht, und sie hat gefragt, ob wir denn nicht aufpassen können. Ich hab das Einkaufsnetz aufgehoben, aber was da noch drin war, das war nicht mehr besonders appetitlich.

»Wir müssen noch mal zurück, neue Tomaten kaufen«, habe ich zu Papa gesagt. »Mit den fünf von vorhin ist nicht mehr viel los!«

Aber Papa hat nichts davon hören wollen, und wir sind zum Auto gegangen.

Papa hat sich ziemlich geärgert, vor allem wegen der gebührenpflichtigen Verwarnung.

»Heute geht aber auch alles schief!« hat er gesagt.

Wir haben uns ins Auto gesetzt, Papa hat den Motor angelassen.

»Paß doch auf, was machst du denn mit dem Netz!« hat Papa gerufen. »Jetzt hab ich die zerquetschten Tomaten auf der Hose! Paß doch auf!«

Und in dem Augenblick haben wir den Lastwagen angeschrammt. Das kommt davon, wenn man soviel Zicken macht!

Als wir aus der Werkstatt rausgekommen sind, wo wir den Wagen hingebracht haben – es ist aber nicht so schlimm, er ist übermorgen wieder fertig –, da hat Papa ziemlich ärgerlich ausgesehen. Vielleicht wegen der Sachen, die ihm der Lastwagenfahrer gesagt hat. Das war so 'n Dicker, Großer.

Zu Hause hat Mama das Einkaufsnetz gesehen, und sie hat Atem geholt, um was zu sagen. Aber da hat Papa sofort geschrien, er wünscht keinen Kommentar. Wir hatten aber nichts zum Mittagessen im Hause, und deshalb sind wir mit dem Taxi ins Restaurant gefahren. Das war Klasse. Papa hat nicht viel gegessen, aber Mama und ich, wir hatten Hummer mit Mayonnaise,

wie bei dem Festessen, als mein Vetter Eugen Kommunion hatte.
Mama hat gesagt, Papa hat wirklich recht, die Sparsamkeit hat
ihre guten Seiten.

Ich hoffe nur, daß ich am nächsten Samstag wieder mit Papa
zum Einkaufen darf.

Deutsch von Hans-Georg Lenzen

Das Küchenlied der Dorothea Wutz

O was ich will kaufen,
Es kost't einen Haufen:
Das Salz und das Mehl,
Das Schmalz und das Öl,

Die Milch und die Eier
Sind heuer so teuer!
Und krieg keinen Lohn –
Ich lauf noch davon!

nach Friedrich Wilhelm Güll
Zeichnung von Tatjana Hauptmann

Es war einmal ein Mann

Es war einmal ein Mann,
Der hatte einen Schwamm.

Der Schwamm war ihm zu naß,
Da ging er auf die Gass.

Die Gass war ihm zu kalt,
Da ging er in den Wald.

Der Wald war ihm zu grün,
Da ging er nach Berlin.

Berlin war ihm zu voll,
Da ging er nach Tirol.

Tirol war ihm zu klein,
Da ging er wieder heim.

Daheim war's ihm zu nett,
Da legt er sich ins Bett.

Im Bett war eine Maus,
Und die Geschicht ist aus.

Unbekannter Verfasser aus München
Zeichnung von Maurice Sendak

Alligatoren allüberall
Ein Alphabet

von Maurice Sendak
Deutsch von Hans Manz

A Alligatoren allüberall

B Bringen bunte Ballone zum Bersten

E Empfangen Elefantendamen

F Foppen friedliche Freunde

C

Chauffieren Chevrolets
nach China

D

Dressieren
drollige Diener

G

Gehorchen gewöhnlich
gar nicht gern

H

Haben Husten und
heisere Hälse

I Imitieren Indianer

J Jonglieren je
länger je besser

M Machen manchmal
Makkaroni

N Nehmen nachmittags
Näschereien

K
Kriegen
Kopfweh

L
Lieben lange
Löwenmähnen

O
Oder orgeln
ohrenbetäubend

P
Probieren Perücken

Q Quasseln quietschen
quäken Quatsch

R Reiten auf dem
Rentierrücken

U Und sind
umgekehrt unterwegs

V Verspeisen verzuckerten
Vanillepudding

S Sind sehr stolz

T Treiben es täglich
toller

W Waschen mit warmem
Wasser ab

X X-en x-mal
x an die Wand

Y Yvan zankt mit
Yves und Yolanda

Z Zufrieden am Zooball:
Alligatoren allüberall

Sieben Zungenbrecher

Kein Kind kann keinen Kirschkern knacken.

*

Welcher Metzger wetzt sein bestes Metzgersmesser.

*

Zwischen den Zwetschgenbäumen
zwitschern zwei geschwätzige Schwalben.

*

Die Bürsten mit schwarzen Borsten bürsten besser,
als die Bürsten mit weißen Borsten bürsten.

*

In Ulm, um Ulm und um Ulm herum.

*

Tausend Tropfen tröpfeln traurig,
traurig tröpfeln tausend Tropfen.

*

Fischers Fritz fischt frische Fische,
frische Fische fischt Fischers Fritz.

Zeichnung von Tomi Ungerer

Neun Drudel

Erfunden von Roger Price

Wer rät alle neun richtig? Wer kann neue Drudel erfinden?

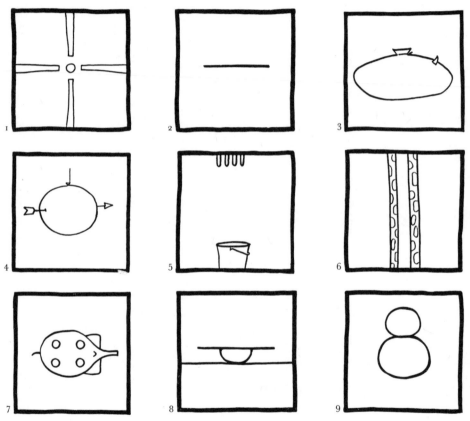

war Hans

Eine Geschichte mit Zahlen
von Maurice Sendak
Deutsch von Hans Manz

1 war Hans
er lebte allein

2 war die Ratte
sprang plötzlich herein

3 war die Katze
sie jagte die Ratte

4 war der Hund
der sich hingesetzt hatte

5 war ein bissiges
Schildkrötentier

6 war der Affe
brachte Post und blieb
hier

7 ein Rabe
er pickte Hans, leider

8 war ein Tiger
verkaufte da Kleider

9 war ein Räuber
er raubte zwei Schuhe

10 war ein Rätsel:
Wie verschafft sich
Hans Ruhe?

Er stieg auf den Stuhl
und brüllte: Nun,
rückwärts zählen,
das werde ich tun,

und ist hinterher
mein Haus nicht gleich
und sofort leer,
dann fresse ich euch!!!

9 war der Räuber
floh schreckensbleich

8 war der Tiger
verfolgte ihn gleich

7 der Rabe
der eilends entflog

6 war der Affe
der weiterzog

5 die Schildkröt,
mit müden Schritten

4 war der Hund
er fuhr auf dem
Schlitten

3 war die Katze
die endlich ging

2 war die Ratte
die an ihr hing

1 war Hans
er lebte allein

und konnte wieder
s o o glücklich sein.

Dunkel war's, der Mond schien helle,
Schnee lag auf der grünen Flur,
als ein Wagen blitzesschnelle
langsam um die Ecke fuhr.

Drinnen saßen stehend Leute,
schweigend ins Gespräch vertieft,
als ein totgeschoßner Hase
auf der Sandbank Schlittschuh lief.

Und ein blondgelockter Jüngling
mit kohlrabenschwarzem Haar
saß auf einer blauen Kiste,
die rot angestrichen war.

Unbekannter Verfasser
Zeichnung von Tomi Ungerer

Seit einiger Zeit zeichnet Mr. Mellops, ein schönes Schwein und
guter Vater, Pläne für den Bau eines Flugzeugs.
Schließlich ruft er seine vier Söhne, Kasimir, Isidor, Felix und
Ferdinand, herbei.

Mr. Mellops
baut ein Flugzeug

Eine Geschichte
geschrieben und gezeichnet
von Tomi Ungerer

»Liebe Kinder, ich habe ein Flugzeug entworfen, das wir gemeinsam bauen wollen«, sagt er. »Jetzt brauchen wir nur noch das nötige Baumaterial.«

Als erstes durchstöbert Mr. Mellops die Reparaturwerkstätten und Autofriedhöfe nach einem guten Motor.

»Puh, ist der schwer«, grunzt er, als er endlich einen gefunden hat und ihn nach Hause schleppt.

Die Kinder sind auf der Jagd nach weiterem Zubehör. Ferdinand besorgt Nägel, Hammer, Säge; Felix Räder und Segeltuch.

Kasimir und Isidor holen Bretter vom Dachboden.

Der Bau beginnt . . .

Kasimir und Isidor arbeiten am Rahmen des Flugzeugs.

Ferdinand montiert die Räder.

Felix bespannt die fertigen Teile sorgfältig mit starkem Segeltuch.

Lustig geht die Arbeit voran!

Das Flugzeug ist fast fertig.

Mutter Mellops bringt Kaffee und Kuchen zur Erfrischung.

Am Wochenende darauf ist die Arbeit getan. Die Sonne lacht vom Himmel, und Vater, Söhne und Hund beschließen, ihren ersten Ausflug zu machen.

Mrs. Mellops winkt ihrer Familie ein bißchen besorgt nach.

Voller Begeisterung fliegen die Mellops weiter und immer weiter, bis plötzlich . . . grrr . . . grrr . . . pfft . . . kracks . . . das Benzin ausgeht.

Sie sacken in die Tiefe und sausen einen Berghang hinab. Schleudernd stürzt das Flugzeug zu jähem Halt.

Ach, ein schlimmer Anblick!

Vaters Arm ist gequetscht. Felix hat eine Beule am Kopf. Ferdinand hat ein blaues Auge. Und auch der arme Hund hat böse Schrammen abgekriegt.

Man soll nie den Mut verlieren!

Die Mellops verlieren ihn nicht – sie fangen sofort an, das Flugzeug zu reparieren, und alsbald sind sie wieder startbereit.

»Aber wir haben kein Benzin«, sagt Felix.

»Dann nehmen wir eben Schnaps«, sagt Mr. Mellops.

»Aber wir haben keinen Schnaps«, sagt Kasimir.

»Nun, wir können Schnaps aus Gras machen – mit einem Destillator.«

»Aber wir haben keinen Destillator«, sagt Isidor.

»Dann baue ich eben einen«, sagt Mr. Mellops.

Ferdinand und Felix sammeln Gras. Isidor holt Holz fürs Feuer.

Und es klappt!

Tropfen um Tropfen füllt sich der Benzinkanister mit Schnaps.

Während sie warten, macht sich Kasimir auf die Jagd nach etwas Eßbarem.

Ein lauernder Indianer beobachtet, wie er auf ein Tier schießt.

Kasimir wird gefangengenommen und ins Indianerlager verschleppt.

Kasimir wird an einen Marterpfahl gefesselt. Die Indianer schießen Pfeile dicht um ihn herum. Einfach zum Spaß. Der arme Kasimir zittert.

Doch die anderen haben Kasimir schon vermißt. Mit dem reparierten Flugzeug suchen sie aus der Luft nach ihm. Und entdecken ihn, an den Marterpfahl gefesselt.

Sie werfen ein Lasso, um den Pfahl hochzuziehen. Ein höchst schwieriges Unterfangen!

Hier ist Kasimir gerettet.

Jetzt wird's Zeit, nach Hause zu fliegen.

Als sie weg waren, hat Mutter einen köstlichen Kuchen gebacken und über und über mit Schlagsahne und Zuckerzeug verziert.

Am nächsten Tag machen sie aus dem Marterpfahl eine Laterne und stellen sie vors Haus. Rundherum pflanzen sie schöne Blumen – zur Erinnerung an ihr Flugabenteuer.

Fink und Frosch

Im Apfelbaume pfeift der Fink
sein: pinkepink!
Ein Laubfrosch klettert mühsam nach
bis auf des Baumes Blätterdach
und bläht sich auf und quackt: »Ja ja!
Herr Nachbar, ick bin och noch da!«

Und wie der Vogel frisch und süß
sein Frühlingslied erklingen ließ,
gleich muß der Frosch in rauhen Tönen
den Schusterbaß dazwischendröhnen.

»Juchheija heija!« spricht der Fink.
»Fort flieg ich flink!«
Und schwingt sich in die Lüfte hoch.
»Wat!« ruft der Frosch, »dat kann ick och!«

Macht einen ungeschickten Satz,
fällt auf den harten Gartenplatz,
ist platt, wie man die Kuchen backt,
und hat für ewig ausgequackt.

Wenn einer, der mit Mühe kaum
geklettert ist auf einen Baum,
schon meint, daß er ein Vogel wär,
so irrt sich der.

Wilhelm Busch
Zeichnungen von Edward Gorey

Der Bär auf dem Motorrad

Geschichte und Bilder
von Reiner Zimnik

Es war einmal ein dicker brauner Bär. Der lag den ganzen Tag
über hinter dem Gitter in einem Zirkuswagen vom Zirkus Rumpl-
rad und war ein gutmütiges und freundliches Tier. Wenn das
Wetter schön war, ließ er sich seinen struppigen Pelz von der
Sonne bescheinen, und wenn es regnete, freute er sich über die
dicken Regentropfen, die draußen vor seinem Gitter auf die Erde
klatschten.

Und wenn ihn jemand fragte, wie es ihm denn so ginge und ob
er zufrieden sei, so nickte er bedächtig mit seinem schweren Bären-
schädel und brummte: Hm – m, hrumrumbum, und das heißt in
der Bärensprache nichts anderes als: Na was denn schon – gut
geht's mir, und im übrigen: Hauptsache: Keine Aufregung,
Hauptsache: Ruhe.

Am Abend aber, wenn im Zirkuszelt die Leute dichtgedrängt
auf den Bänken saßen, führte ihn sein Wärter in die Manege, und
ein anderer Zirkusmann brachte ein rotes Motorrad herbei und
schaltete den Motor ein. Und dann setzte sich der dicke braune
Bär auf das knatternde Vehikel, drückte auf den Gashebel und
sauste damit, ohne ein einziges Mal anzuhalten, dreizehnmal
hintereinander im Kreis herum. Er war der einzige Bär in ganz
Europa, der Motorrad fahren konnte, und deshalb klatschten die
Leute und trampelten wie wild. Bravo, dicker brauner Bär, riefen
sie, gut gemacht – du bist der Größte – du bist O.K.!

Da freute sich der dicke braune Bär jedesmal und kratzte sich
verlegen hinter den Ohren, denn es war ja sonst weiter nichts los
in seinem Leben, und es machte ihm einen großen Spaß.

Eines Tages jedoch, als er gerade die zehnte Runde fuhr, rief ein
kleiner Junge: Der Bär ist dumm, der Bär ist dumm, er kann ja
immer nur im Kreise fahren! Und obwohl seine Mutter und vier
Tanten zu ihm sagten, daß er den Mund halten sollte, denn wenn
es für einen Menschen auch nichts Besonderes sei, daß er Motorrad fahren könne, für einen Bären jedenfalls sei es kolossal, rief er
immer wieder: Der Bär ist dumm, ein ganz dummer Bär ist das!,
und zuletzt rief er noch einmal ganz laut: Immer nur im Kreise –
das soll ein Kunststück sein!

Der Bär verstand jedes Wort, und es ärgerte ihn sehr. Nach außen hin ließ er sich nichts anmerken und tat so, als ob er überhaupt nichts gehört hätte, aber innen unter seinem dicken Pelz war er ganz aufgeregt. Ich soll dumm sein, brummte er dauernd vor sich hin, ich soll dumm sein, denken die Kinder. Nur weil ich immer im Kreise herumfahre, deshalb soll ich dumm sein. Hm – m, ich werde es ihnen schon zeigen, daß ich nicht dumm bin. – Und dann dachte er sich was aus!

Am nächsten Tag dann, als er seine dreizehn Runden absolviert hatte, stieg er nicht von seinem Motorrad ab, wie man es von ihm gewohnt war, sondern drückte dreimal kräftig auf die Hupe und brauste zur Verblüffung seines Wärters höchst selbständig und mit Vollgas aus dem großen Zirkuszelt hinaus. Aber auch draußen vor dem Zirkuszelt hielt er keineswegs an, sondern ratterte fröhlich grunzend an seinem Gitterwagen vorbei durch das Zirkustor, legte noch einen Zahn zu und fetzte nun donnernd und fauchend und immer noch mit Vollgas geradewegs in die Stadt hinein.

Als er die große Kreuzung überquerte, fiel dem Verkehrspolizisten vor Verwunderung die Trillerpfeife aus dem Mund. Er hatte in seinem langen Polizistenleben zwar schon alle möglichen kuriosen Fahrzeuge vorbeiflitzen sehen, aber noch niemals einen Bären auf einem roten Motorrad. Hab ich denn recht gesehen? sprach er verstört zu sich selbst. Und dann stammelte er: Es ist unglaublich – es ist wirklich unglaublich!

Es dauerte aber keine zwei Minuten, da kamen der Wärter angerannt und der Zirkusdirektor und die anderen Leute vom Zirkus und riefen schon von weitem: Habt ihr keinen Bären gesehen, einen Bären auf einem roten Motorrad, wo ist er hingefahren? Geradeaus, sagte der Verkehrspolizist schnell und zeigte ihnen die Richtung. Da rannten der Wärter, der Direktor und die anderen Leute vom Zirkus weiter, immer geradeaus, und der Vekehrspolizist flüsterte immer noch: Es ist unglaublich, also, es ist ja nun wirklich unglaublich!

Während der Verkehrspolizist an der Kreuzung in den Manteltaschen nach seinem Notizbuch kramte und sich zu erinnern versuchte, was das rote Motorrad für eine Nummer gehabt hatte, fuhr der dicke braune Bär kreuz und quer in der Stadt herum, einmal rechts um die Ecke und einmal links um die Ecke, durch Hauptstraßen und über den Marktplatz, wie es ihm gerade gefiel. In allen Häusern, an denen er vorbeikam, stürzten die Leute ans Fenster und starrten zur Straße hinunter. Diejenigen, die keine Fenster zur Straßenseite hatten, liefen in den Hausfluren zusammen und fragten, was denn da für ein Lärm sei, und die anderen riefen zurück: Kommt schnell her und guckt euch das an: ein dicker brauner Bär fährt mutterseelenallein auf einem roten Motorrad hin und her, und die Zirkusleute laufen hinterher und können ihn nicht einholen. Das muß man gesehen haben, riefen sie, das sieht man nicht alle Tage, ach ist das lustig!

Viele Leute blieben auf den Bürgersteigen stehen, klatschten in die Hände und waren begeistert. Andere wieder hatten Angst, liefen in die Hauseingänge oder versteckten sich hinter parkenden Autos.

Allmählich aber ging das Benzin im Tank des roten Motorrads zu Ende. Der Motor begann zu stottern, dann hörte man noch ein letztes Ft-Ft, und danach gab er keinen Muckser mehr von sich. Da kletterte der dicke braune Bär von seiner Rennmaschine herunter, lehnte sein Vehikel an einen Laternenpfahl, setzte sich an den Straßenrand und wartete. Als der Wärter, der Direktor und die anderen Zirkusleute keuchend und schnaufend dahergerannt kamen, winkte er ihnen fröhlich mit der Tatze zu und brummte seinen gemütlichen Bärenspruch. Hauptsache: Keine Aufregung, Hauptsache: Ruhe; – denn er war ein gutes und freundliches Tier, wie ihr wißt, und er wollte ja auch gar nicht davonlaufen. Er wollte nur allen Leuten zeigen, daß er nicht dumm war und auch noch was anderes konnte, als immer nur in einem großen Zelt im Kreise herumzufahren.

Nun beruhigten sich auch die Zirkusleute wieder, wischten sich den Schweiß von der Stirn und fingen an zu lachen. Und weil sie alle einen großen Durst bekommen hatten von dem vielen Laufen, gingen sie gleich in die nächste Gastwirtschaft und kauften sich jeder ein alkoholfreies Bier.

Der Bärenwärter jedoch hängte den dicken braunen Bären an eine Bärenleine, schob das Motorrad an und führte seinen Schützling wieder zum Zirkus zurück, wo eine große runde Schüssel mit Honigwasser für ihn bereitgestellt war.

Von diesem Tag an aber sagte niemand mehr im Zirkuszelt, daß der Bär dumm sei – denn er brauchte nicht mehr nur im Kreise herumzufahren. Er fuhr jetzt jeden Abend Achterkurven und Zickzackbahnen, und wenn er besonders gute Laune hatte, fuhr er freihändig und nur auf einem Rad.

Wenn aber die Vorstellung zu Ende war und er wieder zu seinem Wagen zurücktrottete, drehte er sich manchmal noch einmal um, blinzelte zu den oberen Reihen hinauf, wo die Kinder saßen, tippte mit seiner Tatze an seine Bärenstirne und brummte: Erst mal nachmachen!

Papa Schnapp erzählt
eine noch-nie-dagewesene Geschichte

Geschichte und Bilder von Tomi Ungerer

Chromo Klopp kaufte sich einen neuen Wagen.
Er hatte massenhaft Zylinder, koordinierte Paukrastergänge,
gekoppelte Knirschbremsen, zweistufige Temposchleudern,
Sitze aus Kobraleder, einen elektronischen Polizeidetektor,
Röhrenblitz-Scheinwerfer und einen Haufen Extra-Extras.
Wenn Chromo mit ihm fuhr, war ihm wohl.
Aber am Tag, als er ihn gegen einen Baum fuhr,
war ihm schlecht.

Die Affen

Der Bauer sprach zu seinem Jungen:
Heut in der Stadt, da wirst du gaffen.
Wir fahren hin und sehn die Affen.

Es ist gelungen
Und um sich schief zu lachen,
Was die für Streiche machen
Und für Gesichter,
Wie rechte Bösewichter.
Sie krauen sich,
Sie zausen sich,
Sie hauen sich,
Sie lausen sich,

Beschnuppern dies, beknuppern das,
Und keiner gönnt dem andern was,
Und essen tun sie mit der Hand,
Und alles tun sie mit Verstand,
Und jeder stiehlt als wie ein Rabe.
Paß auf, das siehst du heute.

O Vater, rief der Knabe,
Sind Affen denn auch Leute?

Der Vater sprach: Nun ja,
Nicht ganz, doch so beinah.

Wilhelm Busch
Zeichnungen von Chaval

Fernsehen

Zuviel Fernsehn macht dumm!
Frag die Eltern, warum!
Schorschi Meier lag da
Bis er gar nichts mehr sah.
Ein Aug' ist fast blind –
Ach, wie traurig, mein Kind! –
Das andre tut schielen.
Er kann nicht mehr spielen.
Sein Hals ist ganz krumm,
Sein Mund ist ganz stumm.
Sein Kopf ist schon hohl.
Schorschi Meier – leb wohl!

Anne Schmucke

Das verhexte Telefon

Neulich waren bei Pauline
Sieben Kinder beim Kaffee.
Und der Mutter taten schließlich
Von dem Krach die Ohren weh.

Deshalb sagte sie: »Ich gehe.
Aber treibt es nicht zu toll.
Denn der Doktor hat verordnet,
Daß ich mich nicht ärgern soll.«

Doch kaum war sie aus dem Hause,
Schrie die rote Grete schon:
»Kennt ihr meine neuste Mode?
Kommt mal mit ans Telefon.«

Und sie rannten wie die Wilden
An den Schreibtisch des Papas.
Grete nahm das Telefonbuch,
Blätterte darin und las.

Dann hob sie den Hörer runter,
Gab die Nummer an und sprach:
»Ist dort der Herr Bürgermeister?
Ja? Das freut mich. Guten Tag!

Hier ist Störungsstelle Westen.
Ihre Leitung scheint gestört.
Und da wäre es am besten,
Wenn man Sie mal sprechen hört.

Klingt ganz gut . . . Vor allen Dingen
Bittet unsre Stelle Sie,
Prüfungshalber was zu singen.
Irgendeine Melodie.«

Und die Grete hielt den Hörer
Allen sieben an das Ohr.
Denn der brave Bürgermeister
Sang: »Am Brunnen vor dem Tor.«

Weil sie schrecklich lachen mußten,
Hängten sie den Hörer ein.
Dann trat Grete in Verbindung
Mit Finanzminister Stein.

»Exzellenz, hier Störungsstelle.
Sagen Sie doch dreimal ›Schrank‹.
Etwas lauter, Herr Minister!
Tschuldigung und besten Dank.«

Wieder mußten alle lachen.
Hertha schrie: »Hurra!«, und dann
Riefen sie von neuem lauter
Sehr berühmte Männer an.

Von der Stadtbank der Direktor
Sang zwei Strophen »Hänschen klein«,
Und der Intendant der Oper
Knödelte die »Wacht am Rhein«.

Ach, sogar den Klassenlehrer
Rief man an. Doch sagte der:
»Was für Unsinn? Störungsstelle –
Grete, Grete! Morgen mehr.«

Das fuhr allen in die Glieder
Was geschah am Tage drauf?
Grete rief: »Wir tun's nicht wieder.«
Doch er sagte: »Setzt euch nieder.
Was habt ihr im Rechnen auf?«

Erich Kästner

Fußball

Eine Geschichte von Goscinny
mit Zeichnungen von Sempé

Ich bin auf unserm Platz gewesen mit den andern: Franz, Georg, Otto, Adalbert und Roland, Max und Joachim. Ich weiß nicht, ob ich schon von meinen Kameraden erzählt habe, aber von dem Platz bestimmt. Da ist es nämlich ganz prima, und wir haben eine Menge Sachen zum Spielen: leere Konservenbüchsen, Steine, Katzen, Stöcke und ein altes Auto. Ein richtiges Auto, nur, daß es keine Räder mehr hat, aber das macht nichts, wir setzen uns immer rein und machen ›wrumm – wrumm‹ und spielen Autobus und Flugzeug. – Das ist große Klasse!

Aber diesmal haben wir nicht mit dem Auto gespielt, sondern Fußball. Otto hat einen Ball, und er läßt uns mitspielen, wenn er im Tor sein darf, nämlich der Otto ist ein bißchen bequem, und Stürmer oder Läufer ist ihm zu anstrengend. Georg hat wie ein richtiger Profi ausgesehen, er hat ein weiß-rotes Trikot angehabt, eine rote Hose und dicke rote Wadenstrümpfe mit Beinschonern und tolle Fußballschuhe mit richtigen Klötzen drunter! Georgs

Vater ist ganz toll reich, und er kauft alles, was Georg sich wünscht. Eigentlich hätten wir andern die Beinschoner haben müssen, nämlich Georg ist ein ›harter Spieler‹ – so heißt das immer im Radio. Ich glaube, es liegt an den Fußballschuhen.

Wir haben unsere Mannschaft aufgestellt: Otto im Tor, Franz und Adalbert Verteidigung, nämlich bei Franz traut sich keiner vorbei, er ist sehr stark, und alle haben Angst vor ihm, und er ist auch ein ›harter Spieler‹, glaube ich. Adalbert haben wir in die Verteidigung gestellt, damit er uns nicht im Weg ist, und außerdem darf man ihn nicht anrempeln, weil er eine Brille trägt und bei jeder Gelegenheit losheult, und deshalb nehmen die andern sich in acht. Für die Läuferreihe haben wir Roland, Chlodwig und Joachim aufgestellt, die müssen uns die Steilvorlagen geben, und manchmal gehen sie als Halbstürmer mit nach vorn. Im Sturm hatten wir nur drei, nämlich mehr waren nicht übrig. Aber der Sturm ist prima: Max – der hat lange Beine und dicke schmutzige Knie und kann ganz toll schnell laufen. Und dann ich – ich hab einen Bombenschuß: zack – und Tor! Na, und Georg, weil er doch die Fußballschuhe hat und überhaupt, er sieht aus wie ein richtiger Stürmer. Unsere Mannschaft, die ist ganz prima!

»Los, anfangen!« hat Max gerufen.

»Flanke!« hat Joachim geschrien.

Wir haben schon richtig Spaß gehabt, daß es anfängt, aber auf einmal hat Georg gesagt: »He, Jungens, gegen wen spielen wir denn? Wir müssen doch noch eine zweite Mannschaft haben!«

Da hat er recht gehabt, der Georg, nämlich es ist auch wahr, es macht keinen Spaß, wenn man sich nur zuspielt, und nachher weiß man nicht, wohin mit dem Ball. Ich habe gesagt, am besten, wir teilen die Mannschaft, aber Chlodwig hat gesagt, so eine gute Mannschaft wird nicht geteilt. Und es ist so gewesen wie beim Cowboyspielen, keiner will der Feind sein.

Aber da sind die von der anderen Schule gekommen. Wir können sie nicht leiden, weil sie doof sind und nicht von unserer Schule. Aber sie kommen oft auf unseren Platz und sagen, das ist unser Platz, und wir sagen nein, das ist unser Platz, und dann geht es rund, und wir müssen sie verhauen. Aber diesmal waren wir ganz froh, daß sie gekommen sind.

»He, Jungens«, habe ich gerufen. »Wollt ihr gegen uns spielen? Wir haben einen Ball!«

»Gegen euch? Pöh – da muß ich ja lachen«, hat einer von der anderen Schule gesagt, ein Langer mit roten Haaren wie Tante Klarissa, aber bei Tante Klarissa sind sie erst seit einem Monat rot, und Mama hat es mir erklärt. Sie hat gesagt, es ist Farbe, und man kann es beim Friseur machen lassen.

»Und warum mußt du lachen, du Trottel?« hat Roland gerufen.

»Weil ich dir gleich eine reinhaue, deshalb«, hat der mit den roten Haaren gesagt.

»Und außerdem«, hat ein anderer gesagt, so 'n Großer mit vorstehenden Zähnen, »außerdem könnt ihr abhauen, das ist unser Platz, klar?«

Adalbert wollte schon gehen, aber wir haben gesagt, von wegen!

»Pech, mein Herr«, hat Chlodwig gesagt, »der Platz gehört uns! Aber ich weiß, was los ist: ihr habt Angst, gegen uns zu spielen, weil wir eine Klasse-Mannschaft haben!«

»Eine Käse-Mannschaft«, hat der Große mit den Zähnen gesagt, und sie haben alle gelacht, ich auch, nämlich es war auch komisch. Aber Franz hat einem von den Kleinen eins mit der Faust auf die Nase gegeben. Der Kleine hat bloß dabeigestanden und nichts gesagt, aber wir wußten ja nicht, daß es der Bruder von dem Großen mit den Zähnen war. Und da ist es natürlich losgegangen.

»Mach das nochmal«, hat der Große zu Franz gesagt.

»Du hast wohl 'n Knall«, hat der Kleine gesagt, und er hat sich die Nase gehalten, und Georg hat den mit den roten Haaren wie Tante Klarissa getreten.

Da haben wir uns alle gehauen, außer Adalbert, der hat bloß immer geschrien: »Meine Brille! Vorsicht! Ich trage eine Brille!«

Es war ganz prima, und auf einmal ist mein Papa auf den Platz gekommen.

»Man hört euer Gebrüll schon kilometerweit – ihr schreit ja wie die Wilden!« hat Papa gerufen. »He, Nick – ist dir eigentlich klar, wie spät es ist?« Und Papa hat den dicken Kerl, mit dem ich mich gehauen hab, am Kragen hochgehoben.

»Lassen Sie mich los«, hat der Dicke gebrüllt, »das sage ich meinem Vater, der ist Gerichtsvollzieher, und dann können Sie aber Steuern zahlen, bis Sie schwarz werden!«

Papa hat den Dicken losgelassen, und er hat gesagt: »So, Schluß jetzt. Es ist schon spät, eure Eltern werden sich Sorgen machen, wo ihr steckt. Warum müßt ihr euch eigentlich immer schlagen? Könnt ihr nicht anständig miteinander spielen?«

»Wir haben uns verhauen«, habe ich gesagt, »nämlich die andern haben Angst, gegen uns Fußball zu spielen.«

»Angst? Wir haben Angst? Wir?« hat der Große mit den Zähnen gerufen. »Pöh!«

»Na schön«, hat Papa gesagt, »und warum spielt ihr nicht, wenn ihr wirklich keine Angst habt?«

»Die haben ja nicht mal 'ne richtige Mannschaft!« hat der Dicke gerufen.

»Keine richtige Mannschaft?« habe ich geschrien. »Mit dem Sturm? Ich und Max und Georg! Da lach ich ja darüber!«

»Georg im Sturm?« hat Papa gefragt. »Ich hätte Georg allerdings lieber in die Verteidigung gestellt – für den Sturm ist er nicht schnell genug.«

»Moment«, hat Georg gesagt, »ich hab Fußballschuhe, und ich hab die beste Ausrüstung, und deshalb . . .«

»Und wer ist im Tor?« hat Papa gefragt.

Wir haben ihm erklärt, wie wir die Mannschaft aufgestellt haben, und Papa hat gesagt, nicht übel, aber vielleicht müssen wir noch trainieren, und er wird es uns zeigen, denn er hat früher auch Fußball gespielt, als Halbrechter bei Blau-Weiß Unterbraubach, und er wäre beinah Nationalspieler geworden, wenn er nicht geheiratet hätte. Das hatte ich gar nicht gewußt. Mein Papa ist prima!

»Also«, hat Papa zu denen von der anderen Schule gesagt, »seid ihr bereit, am nächsten Sonntag gegen meine Mannschaft zu spielen?«

»Ach was – die haben ja keinen Schneid, die Angeber!« hat Max gerufen.

»Wir sind keine Angeber!« hat der mit den roten Haaren gesagt, »und am Sonntag, das geht in Ordnung. Punkt drei Uhr – und paßt mal auf, wie wir euch den Laden vollknallen!«

Und dann sind sie abgehauen.

Papa ist noch dageblieben, und er hat angefangen, mit uns zu trainieren. Er hat den Ball genommen und hat Otto ein Tor

reingeschossen. Dann ist er ins Tor, und Otto hat ihm ein Tor reingeschossen. Da hat Papa gesagt, es ist vielleicht richtiger für uns, das genaue Zuspiel zu lernen, und er zeigt es uns. Er hat gerufen: »Achtung, Chlodwig – Flanke kommt!« Aber der Ball ist gegen Adalbert geknallt, und Adalbert hat seine Brille verloren, und er hat angefangen zu heulen.

Da ist Mama auf den Platz gekommen.

»Was machst du denn da?« hat Mama gefragt. »Du solltest doch nur den Kleinen holen – und ich warte und warte, und das Essen wird kalt!«

Papa, der ist ganz rot geworden. Er hat mich bei der Hand genommen und hat gesagt: »Komm, Nick, wir müssen gehen!« Und meine Kameraden haben alle gerufen: »Bis Sonntag! Drei Hurras für Nicks Papa!«

Bei Tisch hat Mama gestichelt und Papa aufgezogen. Wenn sie das Salz haben wollte, hat sie gesagt: »Flanke nach innen!« Aber die Mamas haben ja keine Ahnung vom Sport.

Jedenfalls: nächsten Sonntag, das wird Klasse!

Deutsch von Hans-Georg Lenzen

20 Sprichwörter

Aller Anfang
ist schwer.

*

Probieren
geht über Studieren.

*

Wie gewonnen,
so zerronnen.

*

Jedes Ding
hat zwei Seiten.

Früh übt sich,
wer ein Meister
werden will.

Gleich und gleich
gesellt sich gern.

*

Wer einmal lügt,
dem glaubt man nicht,
und wenn er auch
die Wahrheit spricht.

*

Was du nicht
willst,
daß man dir tu',
das füg auch
keinem andern
zu.

*

Allen Leuten
recht getan,
ist eine Kunst,
die niemand
kann.

Wer andern eine
Grube gräbt,
fällt selbst hinein.

*

Geduld bringt Rosen.

*

Unkraut verdirbt nicht.

Wer nicht hören will,
muß fühlen.

*

Wenn zwei sich streiten,
freut sich der Dritte.

*

Humor ist, wenn man
trotzdem lacht.

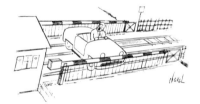

Morgen, morgen,
nur nicht heute,
sagen alle faulen Leute.

*

Wer zuletzt lacht,
lacht am besten.

*

Es ist nicht alles Gold,
was glänzt.

Lügen haben
kurze Beine.

*

Ende gut,
alles gut.

Es schneit

Es schneit, juchhe, es schneit,
Schneeflocken weit und breit!
Ein lustiges Gewimmel
kommt aus dem grauen Himmel.

Was ist das für ein Leben!
Sie tanzen und sie schweben,
sie jagen sich und fliegen,
der Wind bläst vor Vergnügen.

Und nach der langen Reise,
da setzen sie sich leise
aufs Dach und auf die Straße
und dir frech auf die Nase.

Unbekannter Verfasser
Zeichnung von Tomi Ungerer

Fröhliche Weihnacht!

Nikolaus, sei unser Gast,
wenn du was im Sacke hast.
Hast du was, so laß dich nieder,
hast du nichts, so pack dich wieder!

Unbekannter Verfasser
Zeichnung von Raymond Briggs

Knecht Ruprecht

Von drauß' vom Walde komm ich her;
ich muß euch sagen, es weihnachtet sehr!
Allüberall auf den Tannenspitzen
sah ich goldene Lichtlein sitzen;
und droben aus dem Himmelstor
sah mit großen Augen das Christkind hervor.
Und wie ich so strolcht' durch den finstern Tann,
da rief's mich mit heller Stimme an:
»Knecht Ruprecht«, rief es, »alter Gesell,
hebe die Beine und spute dich schnell!
Die Kerzen fangen zu brennen an,
das Himmelstor ist aufgetan,
Alt' und Junge sollen nun
von der Jagd des Lebens einmal ruhn;
und morgen flieg ich hinab zur Erden,
denn es soll wieder Weihnachten werden!«
Ich sprach: »O lieber Herre Christ,
meine Reise fast zu Ende ist;
ich soll nur noch in diese Stadt,
wo's eitel gute Kinder hat.« –

»Hast denn das Säcklein auch bei dir?«
Ich sprach: »Das Säcklein, das ist hier;
denn Äpfel, Nuß und Mandelkern
essen fromme Kinder gern.« –
»Hast denn die Rute auch bei dir?«
Ich sprach: »Die Rute, die ist hier;
doch für die Kinder nur, die schlechten,
die trifft sie auf den Teil, den rechten.«
Christkindlein sprach: »So ist es recht;
so geh mit Gott, mein treuer Knecht!«
Von drauß' vom Walde komm ich her;
ich muß euch sagen, es weihnachtet sehr!
Nun sprecht, wie ich's hierinnen find!
Sind's gute Kind, sind's böse Kind?

Theodor Storm

Das Alte ist vergangen,
Das Neue angefangen.

Das Christkind ist geboren,
Zu suchen, was verloren.

Drum lasset uns anbeten,
Hin zu der Krippe treten.

Viel Glück zum neuen Jahr!

Zeichnungen von Hans P. Schaad

Die heilgen drei Könge

Die heilgen drei Könge aus Morgenland,
Sie frugen in jedem Städtchen:
»Wo geht der Weg nach Bethlehem,
Ihr lieben Buben und Mädchen?«

Die Jungen und Alten, sie wußtens nicht,
Die Könige zogen weiter;
Sie folgten einem goldenen Stern,
Der leuchtete lieblich und heiter.

Der Stern blieb stehn über Josephs Haus,
Da sind sie hineingegangen;
Das Öchslein brüllte, das Kindlein schrie,
Die heilgen drei Könige sangen.

Heinrich Heine

Der Mondmann

Eine Geschichte
geschrieben und gezeichnet
von Tomi Ungerer

In sternklaren Nächten kann man den Mondmann am Himmel droben sehen, wie er zusammengekauert in seiner silbernen Wohnung sitzt.

Nacht für Nacht, wenn der Mondmann von seiner schwebenden Himmelskugel aus die Leute auf der Erde tanzen sah, wurde er ganz neidisch.

»Wenn ich bloß ein einziges Mal bei dem Spaß mitmachen könnte«, dachte er. »Das Leben hier oben ist doch erbärmlich langweilig!«

Eines Nachts sauste ein Komet an ihm vorbei. Der Mondmann sprang noch gerade rechtzeitig hoch und erwischte den Kometen bei seinem feurigen Schweif.

Als der Komet mit lautem Krach auf die Erde prallte, flohen die Tiere im Wald entsetzt von dannen.

Der Lärm lockte Hunderte von Menschen aus der nahen Stadt herbei. Soldaten jagten los, um die Erde zu verteidigen. Die Feuerwehr fuhr in aller Eile hin, um die lodernden Flammen zu löschen.

Als sie Ort und Stelle gefunden hatten, wußte niemand, wer das blasse, sanfte Geschöpf sein mochte, das da unten im Krater lag.

Regierungsbeamte wurden alarmiert. Staatsmänner, Gelehrte und Generäle waren furchtbar aufgeregt. Sie bezeichneten den geheimnisvollen Gast als Eindringling.

Der Mondmann wurde ins Gefängnis geworfen, und ein Sondergericht mußte den Fall untersuchen. Armer Mondmann ... aus war's mit seinem Traum, unter bunten Lampions mit fröhlichen Leuten zu tanzen!

Eines Nachts, als der Mondmann darüber nachgrübelte, weshalb er so grausam behandelt wurde, merkte er plötzlich, daß seine linke Seite fast verschwunden war.

»Oha«, dachte er zufrieden, »ich bin, scheint's, beinah in meinem letzten Viertel!«

Mit jeder Nacht wurde der Mond dünner und dünner, und mit ihm nahm auch der Mondmann ab, bis er schließlich so dünn war, daß er sich durch das Gitter seines Fensters hindurchzwängen konnte.

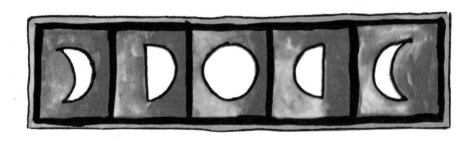

Als der Chef der Armee den unheimlichen Gefangenen besichtigen wollte, war die Zelle leer.

Der General war wütend.

Einige Nächte später, als der Mond im ersten Viertel stand, erschien auch ein Viertel vom Mondmann. Vierzehn Tage drauf hatte er seinen vollen Umfang wiedererlangt.

Er war begeistert über seine Freiheit, wanderte umher und sah zum erstenmal die duftenden Blumen und die schönen Vögel und Schmetterlinge.

Dann geriet er zufällig in ein Gartenfest, bei dem die Leute in prächtigen Kostümen tanzten.

»Seht mal! Da hat sich einer als Mann im Mond verkleidet!« rief eine Dame.

Der Mondmann tanzte viele Stunden lang und war selig.

Doch ach, ein brummiger Nachbar beschwerte sich bei der Polizei über die laute Musik!

Als der Mondmann all die Gewehre und Uniformen sah, erschrak er und rannte in den nahen Wald. Aber die Polizisten waren ihm auf der Spur, und eine wilde Jagd begann.

Der Mondmann war flinker als die Polizisten und sauste querfeldein.

In einer einsamen Gegend stieß er auf ein altes Schloß. Dort wurde er von einem längst vergessenen Gelehrten, dem Doktor Bunsen van der Dunkel, freundlich aufgenommen.

Seit Jahrhunderten hatte der Doktor an einem Raumschiff gebaut, das zum Mond fliegen sollte.

Jetzt war die Maschine fertig und ruhte im Turm auf ihrer Abschußrampe. Aber Doktor van der Dunkel war zu alt und zu dick geworden und paßte nicht mehr in die Kapsel. Er bat seinen Besucher, der erste Fluggast zu sein.

Der Mondmann hatte inzwischen eingesehen, daß er ja doch nie in Frieden auf diesem Planeten würde leben können, und war einverstanden.

Doktor van der Dunkel wollte so lange warten, bis der Mond in sein letztes Viertel eingetreten war.

»Bis dahin ist der Mondmann dünn genug geworden und paßt in die Kapsel hinein«, dachte er.

Ein paar Nächte drauf nahm der Mondmann Abschied von seinem Wohltäter. Mit Tränen in den Augen wünschten sie einander alles Gute.

Dann raste die heulende Rakete mit dem Mondmann in den Weltraum hinaus.

Weil dem Doktor van der Dunkel der Start seines Raumschiffes geglückt war, wurde ihm endlich die längst verdiente Anerkennung zuteil. Er wurde zum Präsidenten eines wichtigen wissenschaftlichen Komitees ernannt.

Der Mondmann aber hatte seine Neugier befriedigt und kehrte nie wieder auf die Erde zurück, sondern blieb für alle Zeiten zusammengekauert in seiner silbernen Wohnung am Himmel droben.

Abendlied

Der Mond ist aufgegangen,
Die goldnen Sternlein prangen
Am Himmel hell und klar;
Der Wald steht schwarz und schweiget,
Und aus den Wiesen steiget
Der weiße Nebel wunderbar.

Wie ist die Welt so stille,
Und in der Dämmrung Hülle
So traulich und so hold!
Als eine stille Kammer,
Wo ihr des Tages Jammer
Verschlafen und vergessen sollt.

Seht ihr den Mond dort stehen?
Er ist nur halb zu sehen
Und ist doch rund und schön!
So sind wohl manche Sachen,
Die wir getrost belachen,
Weil unsre Augen sie nicht sehn.

So legt euch denn, ihr Brüder,
In Gottes Namen nieder;
Kalt ist der Abendhauch.
Verschon uns, Gott, mit Strafen
Und laß uns ruhig schlafen!
Und unsern kranken Nachbarn auch!

Matthias Claudius

Nachweise

S. 10/11 aus: *Maurice Sendak,* Wo die wilden Kerle wohnen. Diogenes Verlag Zürich 1967. Titel der amerikanischen Originalausgabe: ›Where the Wild Things Are‹, Harper & Row, New York 1963.

S. 12–18 aus: *Tomi Ungerer/William Cole,* Vieles gibt's, das jederzeit vier Jahre alte Kinder freut! Diogenes Verlag Zürich 1969. Titel der amerikanischen Originalausgabe: ›What's Good for a Four-year-old?‹, Holt, Rinehart & Winston, New York 1967.

S. 19 aus: *Philippe Fix/Alain Grée/Janine Ast,* Serafin und seine Wundermaschine. Diogenes Verlag Zürich 1970. Titel der französischen Originalausgabe: ›Le merveilleux chef-d'œuvre de Séraphin‹, Editions des Deux Coqs d'Or, Paris 1967.

S. 20–31 aus: *Tomi Ungerer,* Crictor, die gute Schlange. Diogenes Verlag Zürich 1963. Titel der amerikanischen Originalausgabe: ›Crictor‹, Harper & Row, New York 1958.

S. 33/34 (Zeichnung) aus: *Luis Murschetz,* Der Maulwurf Grabowski. Diogenes Verlag Zürich 1972.

S. 35 aus: *Joachim Ringelnatz,* Und auf einmal steht es neben dir. © 1964 Henssel Verlag, Berlin. Abdruck mit freundlicher Genehmigung des Henssel Verlags.

S. 36/37 (Zeichnungen) aus: *Tomi Ungerer,* Vieles gibt's, das jederzeit vier Jahre alte Kinder freut! s. Nachweis zu S. 12–18.

S. 37 (Text) aus: *Ursula Wölfel,* Wunderbare Sachen. © Pädagogischer Verlag Schwann, Düsseldorf. Abdruck mit freundlicher Genehmigung des Pädagogischen Verlags Schwann.

S. 38/39 aus: *Maurice Sendak/Ruth Krauss,* Es ist fein, klein zu sein. Diogenes Verlag Zürich 1968. Titel der amerikanischen Originalausgabe: ›Open House for Butterflies‹, Harper & Row, New York 1960. Text © 1960 by Ruth Krauss, Zeichnungen © 1960 by Maurice Sendak.

S. 40–55 aus: *Laurent de Brunhoff,* Die vier Elemente. Diogenes Verlag Zürich 1980.

S. 56–62 aus: *Maurice Sendak/Charlotte Zolotow,* Herr Hase und das schöne Geschenk. Diogenes Verlag Zürich 1969. Titel der amerikanischen Originalausgabe: ›Mr. Rabbit and the Lovely Present‹, Harper & Row, New York 1962. Text © 1962 by Charlotte Zolotow, Zeichnungen © 1962 by Maurice Sendak.

S. 64–67 aus: *Hans P. Schaad,* Die Vogelhochzeit. Diogenes Verlag Zürich 1971.

S. 69 aus: *Johanna Spyri/Tomi Ungerer,* Heidi kann brauchen, was es gelernt hat. Diogenes Verlag Zürich 1978.

S. 70–75 aus: *Maurice Sendak/Janice May Udry*, Hans und Heinz. Diogenes Verlag Zürich 1969. Titel der amerikanischen Originalausgabe: ›Let's be Enemies‹, Harper & Row, New York 1961. Text © 1961 by Janice May Udry, Zeichnungen © 1961 by Maurice Sendak.

S. 76 (Zeichnung) aus: *Loriots* Wum und Wendelin. Diogenes Verlag Zürich 1977.

S. 77–84 aus: *Sempé/Goscinny*, Der kleine Nick und die Schule. Diogenes Verlag Zürich 1975. Titel der französischen Originalausgabe: ›Le petit Nicolas 2‹, Editions Denoël, Paris 1960.

S. 85 (Zeichnung) aus: *Tatjana Hauptmann*, Ein Tag im Leben der Dorothea Wutz. Diogenes Verlag Zürich 1978.

S. 86 (Zeichnung) aus: *Maurice Sendak/Ruth Krauss*, Es ist fein, klein zu sein. s. Nachweis zu S. 38/39.

S. 87–94 aus: *Maurice Sendak*, Die Mini-Bibliothek. Diogenes Verlag Zürich 1970. Titel der amerikanischen Originalausgabe: ›Alligators All Around‹ in ›The Nutshell Library‹, Harper & Row, New York 1962. © 1962 by Maurice Sendak.

S. 95 Zeichnung von *Tomi Ungerer*, bisher unveröffentlicht.

S. 96 aus: *Roger Price*, Der kleine Psychologe. Diogenes Verlag Zürich 1955, 1975.

S. 97–108 aus: *Maurice Sendak*, Die Mini-Bibliothek. Diogenes Verlag Zürich 1970. Titel der amerikanischen Originalausgabe: ›One Was Johnny‹ in ›The Nutshell Library‹, Harper & Row, New York 1962. © 1962 by Maurice Sendak.

S. 109 (Zeichnung) aus: *Tomi Ungerer*, Die drei Räuber. Diogenes Verlag Zürich 1963, 1977. Titel der amerikanischen Originalausgabe: ›The Three Robbers‹, Atheneum, New York 1962.

S. 110–121 aus: *Tomi Ungerer*, Mr. Mellops baut ein Flugzeug. Diogenes Verlag Zürich 1978. Titel der amerikanischen Erstausgabe: ›The Mellops Go Flying‹, Harper & Row, New York 1957.

S. 122/123 aus: *Wilhelm Busch*, Gedichte. Diogenes Verlag Zürich 1974, detebe 60/1. *Edward Gorey/Ennis Rees*, Katz und Fuchs und Hund und Hummer. Diogenes Verlag Zürich 1976. Titel der amerikanischen Originalausgabe: ›Lions and Lobsters and Foxes and Frogs‹, Young Scott Books, Reading, Mass. 1971. Zeichnungen © 1971 by Edward Gorey.

S. 124–132 aus: *Reiner Zimnik*, Der Bär auf dem Motorrad. Diogenes Verlag Zürich 1959, 1972, 1978.

S. 133/134 aus: *Tomi Ungerer*, Papa Schnapp und seine noch-nie-dagewesenen Geschichten. Diogenes Verlag Zürich 1973. Titel der amerikanischen Originalausgabe: ›I Am Papa Snap and These Are My Favorite No Such Stories‹, Harper & Row, New York 1971.

S. 135/136 aus: *Wilhelm Busch*, Gedichte. s. Nachweis zu S. 122/123. *Chaval*, Zum Lachen. Gesammelte Cartoons 1. Diogenes Verlag Zürich 1969, 1974, detebe 80/1.

S. 137 (Zeichnung) aus: *Edward Gorey/Florence Parry Heide*, Schorschi schrumpft. Diogenes Verlag Zürich 1976. Titel der amerikanischen Originalausgabe: ›The Shrinking of Treehorn‹, Holiday House, New York 1971. Zeichnungen © 1971 by Edward Gorey.

S. 138–140 *Erich Kästner*, Das verhexte Telefon. © 1954 Atrium Verlag Zürich. Abdruck mit freundlicher Genehmigung des Atrium Verlags. Zeichnung von *Tomi Ungerer*, bisher unveröffentlicht.

S. 141–147 aus: *Sempé/Goscinny*, Der kleine Nick und seine Bande. Diogenes Verlag Zürich 1974. Titel der französischen Originalausgabe: ›Le petit Nicolas 1‹, Editions Denoël, Paris 1960.

S. 148 (Zeichnungen) aus: *Chaval*, Zum Lachen. s. Nachweis zu S. 135/136. *Sempé*, Wie sag ich's meinen Kindern? Diogenes Verlag Zürich 1960, 1971.

S. 149 (Zeichnungen) aus: *Bosc*, Eine kleine Nachtmusik. Diogenes Verlag Zürich 1954. *Chaval*, Zum Lachen. s. Nachweis zu S. 135/136. *Loriots* Kleiner Ratgeber. Diogenes Verlag Zürich 1974, detebe 82.

S. 150 (Zeichnung) aus: *Tomi Ungerer/William Cole*, Vieles gibt's, das jederzeit vier Jahre alte Kinder freut. s. Nachweis zu S. 12–18.

S. 151 (Zeichnung) aus: *Raymond Briggs*, O je, du fröhliche. Diogenes Verlag Zürich 1979. Titel der englischen Originalausgabe: ›Father Christmas‹, Hamish Hamilton, London 1973. Abdruck mit freundlicher Genehmigung des C. Bertelsmann Verlags, München.

S. 154/155 (Zeichnungen) aus: *Hans P. Schaad*, Das Krippenspiel. Diogenes Verlag Zürich 1972.

S. 157–168 aus: *Tomi Ungerer*, Der Mondmann. Diogenes Verlag Zürich 1966.

Diogenes
Kinder Taschenbücher